FICHA CATALOGRÁFICA

(Preparada na Editora)

Xavier, Francisco Cândido, 1910-2002

X19a   *Abrigo,* Francisco Cândido Xavier, Espírito Emmanuel. Araras, SP, IDE, 7ª edição, 2024

128 p.

ISBN 978-65-86112-54-2

1. Espiritismo. 2. Psicografia I. Emmanuel (Espírito) II. Título.

CDD-133.9

-133.91

Índices para catálogo sistemático:

1. Espiritismo 133.9
2. Psicografia: Mensagens: Espiritismo 133.91

ABRIGO

ISBN 978-65-86112-54-2

7ª edição - abril/2024

Copyright © 1986,
Instituto de Difusão Espírita

Conselho Editorial:
Doralice Scanavini Volk
Wilson Frungilo Júnior

Produção e Coordenação:
Jairo Lorenzeti

Revisão de texto:
Mariana Frungilo Paraluppi

Capa:
Samuel Carminatti Ferrari

Diagramação:
Maria Isabel Estéfano Rissi

Parceiro de distribuição:
Instituto Beneficente Boa Nova
Fone: (17) 3531-4444
www.boanova.net
boanova@boanova.net

INSTITUTO DE DIFUSÃO ESPÍRITA
Rua Emílio Ferreira, 177 - Centro
CEP 13600-092 - Araras/SP - Brasil
Fones (19) 3543-2400 e 3541-5215
CNPJ 44.220.101/0001-43
Inscrição Estadual 182.010.405.118
www.ideeditora.com.br
editorial@ideeditora.com.br

Todos os direitos reservados. Nenhuma parte desta publicação pode ser reproduzida, armazenada ou transmitida, total ou parcialmente, por quaisquer métodos ou processos, sem autorização do detentor do copyright.

EMMANUEL
CHICO XAVIER

ABRIGO

ide

Sumário

Abrigo 9

1 - Cristo em Nós 13

2 - Em Verdade 19

3 - Diante do Cristo Vivo 25

4 - Na Sementeira da Vida 29

5 - Bem Sofrer 35

6 - Jesus e Oração 41

7 - Luz e Silêncio 47

8 - Na Intimidade do Mestre 53

9 - No Estudo do Evangelho 59

10 - No Culto da Gentileza.............. 65

11 - Cruzes 71

12 - A Porta Estreita 77

13 - Jesus e Perdão 83

14 - Esferas...................................... 89

15 - Atribuições 93

16 - Cumprimento da Lei 99

17 - Em Nós Mesmos 105

18 - Desfazendo Sombras 111

19 - Jesus e Paciência 117

20 - Humilde 123

Chico Xavier

Abrigo

LEITOR AMIGO:

No mundo físico, debatem-se hoje as criaturas sob múltiplas tempestades.

O armamentismo domina o orçamento das Nações.

Conflitos enxameiam no Oriente, enquanto a vida ocidental sofre a expectativa de confrontações bélicas de resultados imprevisíveis.

Lutas de classes, desvinculações contundentes, processos de angústia, moléstias de etiologia obscura e inusitadas explosões de violência invadem comunidades inteiras, estabelecendo a insegurança e o medo em todas as direções.

Onde os recursos defensivos?

Procura-se ansiosamente um refúgio de socorro que alivie mentes e corações.

Eis a razão deste livro simples em que procuramos demonstrar que todos nós, os espíritos encarnados e desencarnados em evolução na Terra, temos um abrigo seguro e único em Jesus, com a prática dos ensinamentos que ele nos deixou em seu testamento de luz inextinguível e de amor imortal.

EMMANUEL

Uberaba, 15 de maio de 1986.

Chico Xavier

1

Cristo em Nós

CIVILIZAÇÕES NUMEROSAS PASsaram sobre a Terra, deixando, na retaguarda, com algumas réstias de luz, túmulos imponentes e ruínas fumegantes... Civilizações em que nossos próprios Espíritos, usando formas inumeráveis, muitas vezes, desceram a precipícios da violência e da morte...

Do cântico selvagem do homem primitivo à sabedoria dos faraós, e, do Egito multimilenário a nós outros, a cultura intelectual, com as indagações filosóficas e com as experimentações científicas, com as interpretações religiosas e com as aventuras bíblicas, exercitou, de mil modos, as nossas faculdades mentais, transformando-nos o instinto em inteligência, a inteligência em razão e a razão em conhecimento superior, dentro do qual porém, a animalidade primeva sempre nos induziu à conquista da ilusão e da posse efêmera...

Cristo, porém, é a Lei Divina que nos reclama a níveis mais altos, é a soma das qualidades edificantes com que nos compete escalar os cimos da evolução a que nos destinamos.

É por isso que o Cristianismo redivivo é luz com que nos cabe inflamar os próprios corações, fonte com que nos compete dessedentar a vida sequiosa de renovação e de paz em derredor de nós mesmos.

Entronizemos o Senhor no templo da própria alma para que o serviço da Boa Nova, começando por nós mesmos, se nos irradie das atitudes e pensamentos, palavras e ações, criando áreas vivas de compreensão e de trabalho edificante, nas quais possamos plasmar o abençoado caminho para a Nova Era.

Nosso problema vital, desse modo, não será a teorização sobre os tempos novos, mas, sim, o da tradução do Evangelho em nós para que nos renovemos, construindo a Vida Melhor.

Quando instalarmos o Divino Inspirador em nossa própria vida, materializando-lhe os ensinamentos à frente uns dos outros, o Reino de Deus brilhará em nós, gerando felicidade e enaltecendo a vida.

"Ressurgindo da sombra, afirma apenas, valoroso e sem mágoa:

— "Eis que estarei convosco até o fim dos séculos..."

E prosseguiu trabalhando...

Esse foi o gesto do Cristo de Deus que transitou na Terra, sem dúvidas e sem máculas."

Chico Xavier

2

Em verdade

EM VERDADE, ERGUE-SE O HO-
mem da atualidade à estratosfera e
prepara campo de que possa lançar-
-se à investigação de outros mundos,
entretanto, como nunca, experimenta
a necessidade de paz e consolação no
plano que lhe serve de moradia.

Em verdade, desce ao abismo
oceânico e recolhe os vestígios das

civilizações mortas, surpreendendo formas estranhas de existência, penetrando linhas obscuras da natureza, no entanto, sente-se incapaz de acesso aos labirintos da própria individualidade, perambulando, entre enigmas e inquietações, quase que à maneira de um mendigo de luz.

Em verdade, relaciona os segredos do microcosmo com a mesma facilidade com que resolve elementar problema de matemática, no entanto, ainda esbarra à frente dos ínfimos segredos da dor e da morte, com a mesma perplexidade das raças que o precederam na corrida dos milênios incessantes.

Em verdade, vence a hanseníase e a tuberculose, determinando novos rumos à medicina, que se engrandece ao toque do progresso renovador, todavia, sofre em si mesmo profundas chagas de angústia e desilusão, qual se fora pobre desterrado em escuro presídio do Universo...

Eleva-se e rebaixa-se.

Cura-se e envenena-se.

É que falta ao coração humano aquela compreensão cristã capaz de erguê-lo às culminâncias em que se lhe destaque a própria inteligência, enceguecida pela vaidade, o verme roedor da terrestre grandeza.

Em tempo algum, como agora, o viajante do mundo sentiu tanta necessidade da bússola espiritual que lhe oriente os destinos.

Em meio da abundância de recursos materiais, clama por socorro, qual se a existência lhe fora deplorável cativeiro.

É por isso que, entre os escombros da guerra e entre as ruínas do incêndio das paixões a que o orgulho lhe conduziu a civilização do presente, volve o ensinamento de Cristo, através de mil modos, concitando-nos ao soerguimento pela humildade salvadora, de vez que, somente reconhecendo a nossa condição de usufrutuários do Patrimônio Divino, com iniludíveis obrigações de trabalho e fraternidade, uns à frente dos outros, é que conseguiremos a própria recuperação, a caminho do Homem Regenerado e da Terra Melhor.

Chico Xavier

3

Diante do Cristo Vivo

EM VERDADE, AOS OLHOS DOS homens, o Messias expirara em aflitiva derrota.

Mestre – sofrera o abandono dos próprios discípulos.

Instrutor – fora esquecido de quantos lhe haviam recolhido a bênção de luz.

Benfeitor – contara com o vilipêndio daqueles a quem ofertara alegria e compreensão.

Médico – surpreendera-se com as acusações dos próprios enfermos aos quais presenteara com os dons da saúde.

Amigo fiel de todos – fora por quase todos escarnecido.

Ainda assim, da cruz do suposto Grande Morto, que soubera preparar-se para a morte, uma luz nova brotou na ressurreição para a Humanidade terrestre.

Depois da mensagem de confiança que o triunfo sobre a morte lhe carreou para as criaturas da Terra, as algemas da escravidão foram dissolvidas ao calor da justiça, a caridade ergueu templos de amor sobre os pântanos da crueldade, o clarão da fé superou as trevas do dogmatismo para desvelar infinitos horizontes no Céu e a fraternidade inflamou lumes de esperança em todos os caminhos do Globo, para que os homens se façam verdadeiros irmãos!

Não nos esqueçamos de que o Grande Ressuscitado não é tão somente o salvador gratuito que nos estende socorro nas provações que nos burilam a alma.

É também, no mundo, o Mestre da Vida, ensinando-nos, com a experiência de cada dia, a ciência da morte, pela qual poderemos atingir, com Ele, a vitória da ressurreição.

Chico Xavier

4

Na Sementeira
da Vida

DESCERRA O SANTUÁRIO DA
própria mente ao fulgor da Luz Espiritual que nos clareou a inteligência,
a fim de que possas semear um novo
destino à distância das sombras.

O pensamento é o embrião de
toda a lavoura do Espírito, e do Espírito
dimanam todas as leis e todas as forças

que garantem a excelsitude da vida e o equilíbrio do Cosmos.

Nossa mente é a matriz dos valores destinados à nossa plantação de dons inefáveis para a imortalidade.

Toda colheita obedecerá à sementeira, tanto quanto as nossas realizações se expressarão, onde estivermos, segundo pensarmos.

Arroja da lâmpada viva da ideia os raios de amor que possam trazer, em teu benefício, o Amor que preside os mecanismos do Universo.

Não esperes uma galeria de triunfo entre os homens para emitir a força silenciosa que te reajustará o caminho.

Toda viagem começa de um passo.

Toda caridade encontra início na gentileza.

Aprendamos a semear mentalmente, renovando-nos para o Supremo Bem.

Lancemos pensamentos de paz e bondade, compreensão e auxílio ao redor de nós mesmos.

Não te limites, porém, a pensar.

Traduze a harmonia do campo interior, através da palavra e do serviço, mobilizando a palavra construtiva na plantação de conhecimento superior e movimentando as mãos no cultivo da fraternidade.

A luz que nos orienta a estrada evolutiva deve partir da estática da beleza para a dinâmica da ação.

Cristo, o Mestre dos Mestres, guardou, acima de tudo, a Mente nos desígnios do Pai e Criador, desdobrando-se no ideal de servir, sustentando o verbo e os braços na construção do Bem sem limites.

Se estamos esposando o Evangelho por abençoado roteiro de nossa peregrinação para os altiplanos da vida, esqueçamos o mal que nos tem perturbado a romagem, para fixarmos nossos melhores propósitos no ensinamento do Cristo, a fim de nos convertermos em instrumento para a sua excelsa extensão.

"Em plena rua, cambaleante sob o lenho do suplício, não se volta para sorrir aos ingratos que lhe cospem no rosto, mas ora por todos eles, confiando-os ao tempo, que é o julgador invisível da Humanidade."

Chico Xavier

5

Bem Sofrer

APRENDENDO A SOFRER, MENTALIza a Cruz do Mestre e reflete.

Ele era Senhor e fez-se escravo.

Era Grande e fez-se pequenino.

Era a Luz e não desdenhou a imersão nas sombras.

Era o Amor e suportou o assédio do ódio.

Quem o contemplasse do pó de Jerusalém, no dia da grande flagelação, decerto identificá-lo-ia à conta de um delinquente em extrema penúria.

As pregações dele haviam encontrado a sufocação do Sinédrio, sua doutrina categorizava-se por abominável heresia, seus sonhos de confraternização pareciam aniquilados, seus beneficiários e companheiros vagueavam desiludidos e, por único testemunho de reconforto entre as chagas da morte, não encontrava senão a piedade e o entendimento de um ladrão comum...

Mas quem fixasse com Cristo a multidão, do alto da cruz, reconhecer-lhe-ia a condição de herói vitorioso porque, para o seu olhar, a turba fanática não passava de vasto rebanho de irmãos necessitados de auxílio.

Ele viu, naqueles que o cercavam, a ilusão da ignorância e percebeu todas as falhas dos perseguidores à maneira de moléstias do espírito, sob a máscara de dominação e falso triunfo...

E sentiu apenas a grande compaixão, que lhe nasceu do espírito com a paz inalterável.

Se nos propomos a bem sofrer, procuremos anotar, do cimo de nossa cruz, aqueles que jornadeiam conosco, carregando madeiros mais pesados que os nossos, acendendo a fraternidade no próprio coração, a fim de que não estejamos órfãos de entendimento.

Compadece-te e auxilia a todos para o bem.

Compadece-te daquele que se acha no oásis do lar, entronizando o egoísmo, e compadece-te daqueles que, por não possuí-lo, comprazem-se na revolta!... Compadece-te dos fortes que oprimem os fracos e dos fracos que hostilizam os fortes!...

Usa o tesouro que o Mestre te confiou por bênçãos de bondade, ao longo do caminho, e serás amparado por aquele a quem amparas, tanto quanto serás curado pelo doente a quem socorres.

Do madeiro de sacrifício, Jesus nos ensina a buscar as bem-aventuranças...

Para bem sofrer, é preciso saber amar e, amando qual o Cristo nos ama, encontraremos na Terra ou no Mais Além a luz interior que nos reunirá para sempre à perenidade da Vida Triunfante.

Chico Xavier

6

Jesus e Oração

Na pobreza da manjedoura, vemos a primeira oração do ambiente de Cristo, exalçando a humildade.

Expulso de cada lar da cidade a que se acolhe, o Excelso Embaixador, ao invés de inspirar amargura e revolta, sugere aos que O rodeiam o cântico de louvor a Deus e da paz que alcance todas as criaturas.

Desde então, mantém a prece no caminho, expressando obediência a Deus e amor aos semelhantes.

Começa o ministério, prestigiando a ventura da comunhão doméstica nas Bodas de Caná, e ora sempre, no alarido da praça ou na calma do campo, na ativa plantação de bondade e esperança, fortaleza e consolo.

Ao pé de cada enfermo, roga a bênção do Pai em favor dos que choram, sem que se lembre de qualquer petição de socorro a si mesmo.

Implora, em tom veemente, o retorno de Lázaro ao conforto da Terra, sem suplicar a Deus que o liberte da morte.

Exora para Pedro, o amigo invigilante, resguardo à tentação que viria prová-lo, entregando-se, após, à sanha de carrascos insanos.

No jardim solitário, ora em silêncio, perante os aprendizes que dormem, descuidados, rogando, antes de tudo, se cumpram os desígnios do Pai Misericordioso.

E, exausto no suplício, podendo recorrer à justiça do mundo, pede ao Pai Todo Amor perdão para os algozes, sem tocar de leve nas chagas que O cruciam.

Recordemos o Mestre da Verdade e lembrar-nos-emos de que a prece

– a mais expressiva de todas – é socorrer, primeiro, a quem sofre conosco entre a sombra e a penúria, porquanto edificando a alegria dos outros, a Divina Providência virá, cada minuto, ao nosso próprio encontro, a envolver-nos a fé em perene alegria.

"Cada espírito é colocado pela Providência Divina na posição mais útil a si próprio."

Chico Xavier

7

Luz e Silêncio

O Mestre, que nos recomendou situar a lâmpada sobre o velador, também nos exortou, de modo incisivo:

– *"Brilhe a vossa luz diante dos homens!"*

Conhecimento evangélico é sol na alma.

Compreendendo a responsabilidade de que somos investidos, esposando a Boa Nova por ninho de nossos sentimentos e pensamentos, busquemos exteriorizar a flama renovadora que nos clareia por dentro, a fim de que a fé não seja uma palavra inoperante em nossas manifestações.

Onde repontem espinheiros da incompreensão, sê a bênção do entendimento fraterno.

Onde esbraveje a ofensa, sê o perdão que asserena e edifica.

Onde a revolta incendeie corações, sê a humildade que restaura a serenidade e a alegria.

Onde a discórdia ensombre o caminho, sê a paz que se revela no auxílio eficiente e oportuno.

Não olvidemos que a luz brilha dentro de nós.

Não lhe ocultemos os raios vivificantes sob o espesso velador do comodismo, nas teias do interesse pessoal.

Entretanto, não nos esqueçamos igualmente de que o Sol alimenta e equilibra o mundo inteiro sem ruído, amparando o verme e a flor, o delinquente e o santo, o idiota e o sábio, em sublime silêncio.

Não suponhas que a lâmpada

do Evangelho possa fulgurar através de acusações ou amarguras.

Enquanto a ventania compele o homem a ocultar-se, a claridade matinal, tépida e muda, encoraja-o ao trabalho renovador.

Inflamando o coração no luzeiro do Cristo, saibamos entender e servir com Ele, sem azedume e sem crítica, sem reprovação e sem queixa, na certeza de que o amor é a garantia invulnerável da vitória imperecível.

"Se nos propomos a atingir as Moradas do Amor e da Sabedoria, na Luz Imperecível, aprendamos a renunciar a nós mesmos."

Chico Xavier

8

Na Intimidade
do Mestre

... E PORQUE O APRENDIZ PERguntasse ao Mestre o motivo pelo qual fora chamado ao seu campo de ação, respondeu o Senhor, compassivamente:

– *"Decerto, não foste convidado a criticar, porque, para isso, a Terra dispõe daqueles que transitam entre a malícia e o azedume...*

Com certeza, não foste trazido à Revelação para apedrejar o próximo infeliz, porquanto, para esse fim, a crueldade ainda campeia no mundo, usando corações cristalizados na indiferença...

Indiscutivelmente, não foste citado para fortalecer a ingratidão e a calúnia, de vez que, para estendê-las, a Humanidade ainda conta com milhares de criaturas entregues à leviandade e à maledicência...

Sem dúvida, não foste convocado para descobrir as cicatrizes e as chagas de nossos irmãos, porque, para esse mister, possuímos a legião daqueles que se imobilizam na procura do mal...

Chamei-te para abençoar onde outros amaldiçoam, para justificar onde muitos reprovam e condenam...

Busquei-te para auxiliar com a boa palavra onde o verbo envenenado espalha fogo e fel, convidei-te para o socorro aos ausentes, necessitados de entendimento e compreensão...

Trouxe-te à verdade para que as feridas de nossos semelhantes encontrem bálsamo e para que a doença deles receba em ti remédio salutar...

Concitei-te para que haja fraternidade onde a separação ainda persista, para que a paciência brilhe contigo onde brade a revolta e para que a esperança não se apague onde corre, desapiedado, o sopro frio do desânimo...

Ninguém te chamou para avivar entre os homens o incêndio da perversidade, do egoísmo, da violência e do ódio, mas, sim, para que a Bondade Infinita do Céu em ti encontre justo sustentáculo para exprimir-se no mundo, com o esplendor que lhe é própria.

Se aspiras, portanto, a condição de escolhido, para a vitória com as Leis Divinas, abandona as exigências do espírito de domínio que, porventura, ainda vibrem por dentro de ti...

E, fiel aos compromissos que abraçaste no Evangelho Renovador, *sentirás, na intimidade do coração, a felicidade suprema do amigo fraternal que acende em si próprio o fulgor da luz celeste..."*

Foi então que o aprendiz penetrou o santuário de si mesmo e passou a meditar...

Chico Xavier

9

No Estudo
do Evangelho

EXALTANDO O RESPEITO À LEI Antiga, ensinou Jesus que nos compete no mundo honrar pai e mãe e, em pleno apostolado, afirmou que quantos não pudessem renunciar ao amor dos pais e dos irmãos no venerável instituto doméstico, não poderiam abraçar-lhe o Evangelho Renovador.

Naturalmente, há sempre larga diferença entre amar e sermos amados.

O devotamento ama, invariável.

O egoísmo exige constantemente.

O Mestre Divino não nos recomendou o relaxamento das construtivas obrigações do lar que Ele próprio consagrou na carpintaria de Nazaré.

Esclareceu que, a fim de lhe atendermos à lição, é preciso, em qualquer tempo e em qualquer condição, renunciar ao prazer exclusivista de condecorar-nos com o apreço da família consanguínea, atentos ao imperativo de compreender e auxiliar.

Muitos companheiros de fé, aceitando-lhe os ensinamentos, antes de tudo, demoram-se em expectativa indébita, com respeito à atitude dos pais, do esposo, da esposa, do irmão e do amigo, qual se a elevação moral interessasse mais ao próximo que a si mesmos.

Entretanto, Jesus apela para a nossa capacidade de entender os outros sem pedir que os outros nos entendam e de ampará-los sem lhes reclamar colaboração.

E entre esses "outros", respiram

igualmente os nossos laços mais íntimos, no instituto da consanguinidade, aos quais nos compete oferecer o melhor de nós, sem cogitar de retribuição.

Ainda, quando vemos o Senhor declarar, de público, que seus parentes são todos aqueles que atendem, fiéis, aos Propósitos do Pai Todo Amor, sentimo-Lo encarecer a fraternidade humana e o afeto desinteressado por normas inalienáveis das instruções de que se fazia portador.

Nesses moldes, portanto, situando nossos deveres para com o próximo, acima de tudo, o Eterno Benfeitor nos selou os compromissos terrestres de honrar pai e mãe, de vez que, amparando-os sem lhes exigir o pesado tributo da adesão e do reconhecimento, estaremos começando de nosso círculo pessoal o serviço no bem, que todos devemos à Humanidade inteira.

Chico Xavier

10

No Culto
da Gentileza

LEMBRA-TE DE QUE DEUS atende aos homens por intermédio das próprias criaturas e faze da gentileza uma prece constante, através da qual a Celeste Bondade se manifeste.

Muitos recorrem à Providência Divina, entre a revolta e o pessimismo, olvidando a necessidade de compreensão para que o bem se exprima em dons de reconforto, ao redor dos próprios passos, esparzindo a esperança, a fim de que o coração se mantenha preparado, à frente das bênçãos que se propõem a recolher.

Ninguém na Terra é tão bom que possa proclamar-se plenamente liberto do mal e ninguém é tão mau que não possa fazer algum bem nas dificuldades do caminho...

Nos maiores delinquentes há sempre um filho de Deus, transviado ou adormecido, aguardando o toque do amor de alguém, para tornar à trilha certa.

Sê compassivo e atrairás a bondade!

Sê amigo do próximo e a amizade do próximo virá ao teu encontro.

O carinho fraterno é uma fonte de bênçãos a deslizar no chão duro da rotina ou da indiferença, dessedentando as almas sequiosas que passam.

Realmente, é sempre uma afirmação de fé a nossa rogativa verbal ao Todo Misericordioso e a prece sentida é energizante em nosso próprio espírito, erguendo-nos para os cimos da existência.

O Senhor, no entanto, espera igualmente que nos façamos bons de uns para com os outros, assim como exigimos seja Ele para nós o benfeitor infatigável e incessante.

Não te esqueças de que o Mestre nos espera ao lado das próprias criaturas que caminham conosco, a fim de nos auxiliar.

Sejamos devotos da cortesia e da afabilidade, em todos os instantes, para que não aconteça venhamos a dizer, depois da oportunidade perdida:

– *"Efetivamente, o Senhor estava junto de mim, mas não pude senti-Lo."*

Porque, em verdade, pelos fios invisíveis do amor, o Divino Mestre permanece constantemente entrosado à nossa própria vida.

Chico Xavier

11
Cruzes

CADA ALMA, NA ESCOLA DA Terra, sob a abençoada cruz da carne, conduz consigo a cruz invisível da prova, indispensável à elevação a que aspira.

Aqui, vemos a cruz do ouro, impondo aos companheiros que a transportam o círculo do medo e da inquietação.

Além, observamos a cruz do poder, exigindo de quantos lhe detêm, a força de pesados tributos de responsabilidade e sofrimento.

Acolá, notamos a cruz da beleza física, atraindo apelos inferiores.

Mais além, contemplamos a cruz da enfermidade, situando esperanças e sonhos no labirinto da indagação e do desalento.

Não longe, vemos a cruz da carência material, induzindo muita gente à inércia e à lamentação.

Agora, observamos junto de nós a cruz da injustiça aparente, tentando a criatura a reivindicações que a projetam em maiores dificuldades.

Mais tarde, encontraremos a cruz das paixões, vergando ombros sensíveis e afetuosos, reclamando-lhes o amargo imposto do desequilíbrio e das lágrimas.

Cada criatura passa, entre os homens, algemada ao posto de graves obrigações, alusivas ao progresso que lhe cabe alcançar.

O santo traz a cruz do sacrifício.

O delinquente carrega a cruz do remorso.

O melhor suporta o madeiro da liderança.

O mau tolera o lenho da expiação regenerativa.

O berçário é um viveiro de cruzes que se desenvolvem, pouco a pouco, no curso do tempo, definindo-se cada qual delas segundo as necessidades de cada um.

Naturalmente, não viverás sem o instrumento de dor e luta que a existência terrestre te deu a transportar, mas, se colocas o madeiro do próprio aperfeiçoamento na direção do Cristo, seguindo após Ele, no Calvário da Ressurreição, com amor e humildade, renúncia e perdão, guarda a certeza de que os braços de tua cruz se converterão, na morte, em asas de espiritualidade, arrebatando-te do vale pantanoso da Terra para os topos resplendentes do Infinito.

"Jesus apela para a nossa capacidade de entender os outros sem pedir que os outros nos entendam e de ampará-los sem lhes reclamar colaboração."

Chico Xavier

12

A Porta Estreita

ACEITEMOS A DIFICULDADE POR mestra amorável se esperamos que a vida nos entregue os seus tesouros.

Sem a porta estreita do obstáculo, não conseguiríamos medir a nossa capacidade de trabalho ou ajuizar quanto à nossa fé.

As lições do próprio suor são as mais preciosas.

Os ensinamentos hauridos na própria renúncia são aqueles que se nos estampam na alma, no campo evolutivo.

Ouvimos mil conselhos edificantes, e sorrimos ante o fracasso iminente.

Basta, porém, por vezes, uma pequena dor para que se nos consolide a cautela à frente do perigo.

Com discernimento louvável, improvisamos prodigiosos facilitários de felicidade para os outros, indicando-lhes o melhor caminho para a vitória no bem ou para a comunhão com Deus, entretanto, à primeira alfineta-

da do caminho sobre nossas esperanças mais caras, habitualmente nos des-
mandamos à distância do equilíbrio
justo, espalhando golpes e lágrimas,
exigências e sombras.

Saibamos, no entanto, respeitar,
na "porta estreita" que o mundo nos
impõe, o socorro da Vida Maior, a fim
de que possamos reconsiderar a própria marcha.

Por vezes, ela é a enfermidade
que nos auxilia a preservar as vanta-
gens da saúde; em muitas fases de nossa luta, é a incompreensão alheia, que
nos compele ao reajuste necessário; em
muitos passos da senda, é a prova que
nos segrega no isolamento, impelindo-

-nos a seguir, pela escada miraculosa da prece, da Terra para os Céus...

Por vezes, é o abandono de afeições muito amadas a impulsionar-nos para os braços de Cristo; em variadas circunstâncias, é o desencanto ante a enganosa satisfação de nossos desejos na experiência física, inspirando-nos ideais mais altos, e, em alguns casos, é a visitação da morte que nos obriga a refletir na imortalidade triunfante...

Por onde fores, cada dia, agradece a dificuldade que nos melhore e nos eleve à grande renovação.

Jesus não escolheu a larga avenida do menor esforço.

Da Manjedoura ao Calvário,

movimentou-se entre os obstáculos que se transfiguraram para Ele em degraus para a volta ao Pai Celestial e, aceitando na cruz a sua maior mensagem de amor à Humanidade de todos os séculos, legou-nos, com exemplo vivo, a porta estreita do sacrifício como sendo o nosso mais belo caminho de paz e libertação.

Chico Xavier

13

Jesus e Perdão

ENSINANDO O AMOR PARA COM os inimigos, vejamos como procedia Jesus diante daqueles que lhe hostilizavam a causa e lhe feriam o coração.

Em circunstância alguma vemo-Lo a derramar-se, louvaminheiro, encorajando os que se mantinham no erro deliberado, mas, sim, renovando sempre o processo de auxiliar, com esquecimento de toda injúria.

Diante da turba que O preferia a Barrabás, o delinquente confesso, não se entrega ao elogio da multidão, mas guarda dignidade e silêncio, tolerando-lhe a afronta.

Perante Pilatos, o juiz inseguro, não lhe beija as mãos lavadas, mas, sim, pela conduta de vítima irreprochável, devolve-lhe o espírito inconsequente à noção de responsabilidade própria.

Em plena rua, cambaleante sob o lenho do suplício, não se volta para sorrir aos ingratos que lhe cospem no rosto, mas ora por todos eles, confiando-os ao tempo, que é o julgador invisível da Humanidade.

Na cruz, não toma a palavra para agradecer a inconstância de Pedro ou a fraqueza de Judas, nem faz voto festivo aos sacerdotes que lhe insultam a Doutrina de Amor, mas a todos contempla, sem mágoa, pedindo perdão para a ignorância de quantos Lhe impunham a humilhação e a morte.

E olvidando os verdugos e adversários, ei-Lo que torna ao convívio das criaturas, em pleno terceiro dia depois do túmulo em trevas, a fazer ressurgir para a Terra enoitada a radiante mensagem da Luz.

Desculpar aos que nos ofendem não será lhes comungar a sombra, mas, sim, esquecer-lhes os golpes e seguir para a frente, trabalhando e aprendendo, amparando e servindo sempre, na exaltação do bem, para que o mundo em nós outros se liberte do mal.

Chico Xavier

14
Esferas

NINGUÉM PRECISA SE AUSENTAR da Terra para entrar em relações com esferas diferentes.

A diversidade de nossas moradias começa neste mundo mesmo.

Cada mente vive na onda dos desejos que lhe são próprios.

Cada coração palpita nos sentimentos que esposa.

Residimos no lugar em que situamos a própria alma.

Há quem se detenha fisicamente num palácio, sentindo-se no purgatório do desespero, e existe quem se demore num casebre, guardando as alegrias de um paraíso interior.

Há quem penetre no inferno da angústia, usando a chave da fortuna, e há quem alcance o Céu, manobrando uma enxada.

Cada espírito permanece na posição que lhe agrada.

Por isso mesmo, Jesus, em nos socorrendo na Terra, buscou ampliar-nos a visão e aperfeiçoar-nos o Espírito para que se nos engrandeça a esfera individual e coletiva de ideal e realização, de trabalho e de luta.

Cada dia com o Evangelho no coração e nas palavras, nas atitudes e nas mãos é mais um passo para as eminências da vida.

De modo a elevar-se de condição, ninguém reclame contra o cativeiro das circunstâncias.

Se os sentimentos frágeis e enfermiços são produtos do ambiente em que respiram, os sentimentos nobres e robustos são organizadores do ambiente em que atuam, na sustentação de si mesmos e a benefício dos outros.

Jesus, até hoje, convida-nos, através da Boa Nova, a construir a esfera mais elevada em que nos cabe marchar para Deus.

Se nos propomos a atingir as Moradas do Amor e da Sabedoria, na Luz Imperecível, aprendamos a renunciar a nós mesmos, avançando, corajosamente, sob a cruz dos deveres de cada dia, a fim de encontrarmos o Cristo em nossa desejada renovação.

"Toda caridade
encontra início na gentileza."

Chico Xavier

15

Atribulações

Se há crentes aguardando vida fácil, privilégios e favores na Terra, em nome do Evangelho, semelhante atitude deve correr à conta de si mesmos.

Jesus não prometeu prerrogativas aos seus continuadores.

O Mestre foi, aliás, muito claro, neste particular. Não estimulou a preguiça nem criou falsas perspectivas no caminho do aprendizado. Asseverou que os discípulos e seguidores teriam aflições e que o mundo lhes ofereceria ocasiões de luta, sem esquecer a recomendação de bom ânimo.

Seria inútil induzir alguém à coragem, nos lugares e situações onde fosse dispensável.

Se o Mestre aludiu tanta vez à necessidade de ânimo sadio, é que não ignorava a expressão gigantesca dos serviços que esperavam os colaboradores.

A experiência humana ainda é

um conjunto de fortes atribulações, que costumam multiplicar-se à medida que se nos eleve a compreensão.

O discípulo do Evangelho não deve esperar repouso, quando o Mestre continua absorvido no espírito de serviço. Para ele, férias e licenças na atividade habitual deveriam constituir cancelamento de oportunidade.

Alguns se queixam das perseguições, outros se alarmam, quando incompreendidos. Suas existências parecem ilhas de amargura e preocupação, cercadas de ondas revoltas do mundo.

Aqui, parentes humilham, acolá, fogem amigos.

A ironia perturba-os, a calúnia persegue-os.

Mas justamente nesse quadro é que se verifica a promessa do Salvador.

Responsabilidades e compromissos envolvem sofrimentos e preocupações.

Certo, não pediríamos trabalho a Jesus nem o receberíamos de sua bondade infinita, para fins de ociosidade ou brincadeira. Estamos em serviço e testemunho.

Aprendizes do Evangelho, encarnados ou desencarnados, teremos aflições nas esferas terrestres; porém tenhamos fé e bom ânimo.

Jesus venceu o mundo.

"O pensamento é
o embrião de toda a lavoura
do Espírito."

Chico Xavier

16

Cumprimento da Lei

"Não vim destruir a Lei, mas dar-lhe cumprimento".

Companheiros inúmeros, em rememorando semelhantes palavras do Cristo, decerto, guardarão a ideia fixada simplesmente na confirmação doutrinal do Mestre Divino, ante o ensinamento de Moisés.

A lição, todavia, é mais profunda.

Sem dúvida, para consolidar a excelência da lei mosaica do ponto de vista da opinião, Jesus poderia invocar a ciência e a filosofia, a religião e a história, a política e a ética social, mobilizando a cultura de seu tempo para grafar novos tratados de revelação superior, empunhando o buril da razão ou o azorrague da crítica para chamar os contemporâneos ao cumprimento dos próprios deveres, mas, compreendendo que o amor rege a justiça na Criação Universal, preferiu testemunhar a Lei vigente, plasmando--lhe a grandeza e a exatidão no próprio ser, através da ação renovadora com que marcou a própria rota, na expansão da própria luz.

É por isso que, da Manjedoura simples à Cruz da morte, vemo-Lo no serviço infatigável do bem, empregando a compaixão genuína por ingrediente inalienável da própria mensagem transformadora, fosse subtraindo Madalena à fúria dos preconceitos de sua época para soerguê-la à dignidade feminina, ou desculpando Simão Pedro, o amigo timorato que abdicava da lealdade à última hora, fosse esquecendo o gesto impensado de Judas, o discípulo enganado, ou buscando Saulo de Tarso, o adversário confesso, para induzir-lhe a sinceridade a mais amplo e seguro aproveitamento da vida.

E é ainda aí, fundamentado nesse programa de ação-predicação, com o serviço ao próximo valorizando-lhe o verbo revelador, que a Doutrina Espírita, sem molhar a palavra no fel do pessimismo ou da rebeldia, satisfará corretamente aos princípios estabelecidos, dando de si sem cogitar do próprio interesse, transformando a caridade em mera obrigação para que a justiça não se faça arrogância entre os homens e elegendo, no sacrifício individual pelo bem comum, a norma de felicidade legítima para solucionar na melhoria de cada um de nós, o problema de regeneração da Humanidade inteira.

"Usa o tesouro que o Mestre te confiou por bênçãos de bondade, ao longo do caminho, e serás amparado por aquele a quem amparas, tanto quanto serás curado pelo doente a quem socorres."

Chico Xavier

17

Em Nós Mesmos

NA OBRA DE APERFEIÇOAMENTO a que Jesus nos concitou, idealizemos uma lâmpada com a faculdade de analisar o caminho de sombras a que deve emprestar cooperação.

Mentalizemo-la na apreciação da noite em derredor, injuriando as trevas, amaldiçoando as pedras da estrada, clamando ao Céu contra as nuvens e contra a ventania que lhe faz tremer o pedestal...

Imaginemo-la querelando, entre lamentações e impropérios, ante as dificuldades da Natureza, temendo os constrangimentos da obra de auxílio que lhe compete realizar.

Entretanto, desde que se ofereça, paciente e nobre, ao dispêndio dos próprios recursos para que a luz se faça, eis que a paisagem se mostra clara e bela, estimulando-lhe as energias para a jornada à frente.

Então, não precisará desmandar-se na acusação e na crítica, de vez que a claridade em si mesma lhe fará reconhecer cada criatura no nível em que se encontra e cada cousa no lugar que lhe é próprio.

A imagem singela define a necessidade de melhoria em nós mesmos para que a vida se eleve e aperfeiçoe, junto de nós.

Não vale gritar contra a escuridão, reprovar o erro e maldizer o quadro de luta em que o Senhor nos situa a existência.

Cada espírito é colocado pela Providência Divina na posição mais útil a si próprio.

Aprendamos a retificar-nos segundo os padrões que o Evangelho do Cristo nos apresenta, e o mundo estará corrigido aos nossos olhos.

Vivamos nossa fé renovadora em atos e atitudes, nas tarefas habituais, e converter-nos-emos na lâmpada prestativa e dócil que, aceitando as determinações do Senhor, edifica a verdadeira alegria onde passa, porque traz consigo, no grande silêncio, o sol do Amor, que é felicidade permanente e paz inextinguível.

"Ao pé de cada enfermo, roga a bênção do Pai em favor dos que choram, sem que se lembre de qualquer petição de socorro a si mesmo."

Chico Xavier

18
Desfazendo Sombras

ESTENDAMOS A SEMENTEIRA DE luz, através da dedicação ao trabalho com o Cristo, a fim de que a ignorância seja dissipada nos caminhos humanos.

Todo egoísmo não é senão inferioridade e primitivismo da alma, que nos cabe suprimir com os recursos da educação.

Por toda parte, encontramos

egoísmo na inteligência que se retrai nas furnas do comodismo, receando a luta sacrificial pela vitória do bem; egoísmo na fortuna amoedada a concentrar-se nas mãos dos argentários que fogem à evolução; egoísmo nos que dirigem, apaixonados pela volúpia do poder; egoísmo nos que obedecem, recolhidos ao espinheiral da revolta, de onde prejudicam a ordem e a organização; egoísmo nos mais experientes que se entrincheiram na intolerância e egoísmo nos mais jovens que tudo requisitam do mundo para a entronização do prazer.

Entretanto, semelhante desequilíbrio não nasce senão da ignorância que arroja sobre a consciência dos homens a noite da cegueira.

Aprendamos a conhecer-nos na condição de usufrutuários das possibilidades da vida, onde quer que nos achemos; saibamos receber o tempo e a existência por empréstimo do Pai Celestial, de que prestaremos contas; ofereçamo-nos ao conhecimento superior; impregnemos o coração no entendimento fraterno, como quem sabe que somos uma só família no círculo da Humanidade; e, buscando no próximo um irmão de nosso próprio destino, segundo os padrões de Jesus, nele identificaremos a nossa melhor oportunidade de serviço, já que, simbolicamente, o próximo pode ser o degrau de nossa ascensão espiritual.

Nessa altura de nossas experiências, a luz da compreensão se nos entranhará no espírito, e, então, extinto o nevoeiro da ignorância em torno de nossos próprios passos, o egoísmo cederá lugar ao amor, o amor com que nos movimentaremos na construção de um mundo mais elevado e mais feliz.

"Onde repontem espinheiros da incompreensão, sê a bênção do entendimento fraterno."

Chico Xavier

19

Jesus e Paciência

RECORDEMOS A PACIÊNCIA DO Cristo para exercer no próprio caminho a compreensão e a serenidade.

Retornando, depois do túmulo, aos companheiros assustadiços, não perde tempo com qualquer observação aflitiva ou desnecessária.

Não rememora os sucessos

amargos que Lhe precederam a flagelação no madeiro.

Não se reporta à leviandade do discípulo invigilante que O entregara à prisão, osculando-Lhe a face.

Não comenta as vacilações de Pedro na extrema hora.

Não solicita os nomes de quantos acordaram em Judas a febre da cobiça e a fome de poder.

Não faz qualquer alusão aos beneficiários sem memória que Lhe desconheceram o apostolado, ante a hora da cruz.

Não recorda os impropérios que Lhe foram atirados em rosto.

Não se refere aos caluniadores que Lhe escarneceram o amor e o sacrifício.

Não reclama reconsiderações da justiça.

Não busca identificar quem Lhe impusera às mãos uma cana à guisa de cetro.

Não se lembra da turba que Lhe ofertara vinagre à boca sedenta e pancadas à fronte que os espinhos dilaceravam.

Ressurgindo da sombra, afirma apenas, valoroso e sem mágoa:

– *"Eis que estarei convosco até o fim dos séculos..."*

E prosseguiu trabalhando...

Esse foi o gesto do Cristo de Deus que transitou na Terra, sem dívidas e sem máculas.

Relembremos o próprio dever, à frente das pedradas que nos firam a rota, a fim de que a paciência nos ensine a esperar a passagem das horas, porquanto cada dia nos traz, a cada um, diferentes lições.

"Ninguém te chamou para avivar entre os homens o incêndio da perversidade, do egoísmo, da violência e do ódio, mas, sim, para que a Bondade Infinita do Céu em ti encontre justo sustentáculo para exprimir-se no mundo, com o esplendor que lhe é própria."

Chico Xavier

20
Humilde

ALGUÉM HOUVE NA TERRA QUE, nascido na palha, não desesperou da pobreza a que o mundo lhe relegara a existência, transformando o berço apagado em poema inesquecível.

Assinalado por uma estrela em sua primeira hora humana, nunca se lembrou disso em meio das criaturas.

Com a sabedoria dos anjos, falava a linguagem dos homens, entretendo-se à beira de um lago em desconforto, com as criancinhas desamparadas.

Trazendo os tesouros da imortalidade no espírito, vivia sem disputar uma pedra onde repousar a cabeça e, dispondo da autoridade maior, escolhia servir ao invés de mandar, levantando os doentes e amparando aos aflitos.

Em permanente contato com o Céu, ninguém lhe ouviu qualquer palavra em torno dessa prerrogativa e, podendo deslumbrar o cérebro de seu tempo, preferia buscar o coração dos simples para esculpir na alma do povo as virtudes do amor no apoio recíproco.

Esquecido, não se descurava do dever de auxiliar sempre; insultado, perdoava; traído, socorria aos verdugos, soerguendo-lhes o espírito através da própria humildade.

Golpeado em suas esperanças mais belas, desculpava sem condições a quantos lhe feriam a alma angélica.

Amparando sem paga, ninguém lhe escutou a mais leve queixa contra os beneficiários sem memória, a lhe zurzirem a vida e o nome com as farpas da ingratidão.

Vendido por um dos companheiros que mais amava, recebeu-lhe, sereno, o beijo suspeitoso.

Encarcerado e sentenciado à morte sem culpa, não recorreu à justiça, por amor àqueles que lhe escarravam na face, deixando-se crucificar com o silêncio da paz e o verbo do perdão.

E ainda mesmo depois do túmulo, ei-lo que volta à Terra, estendendo as mãos aos amigos que o mal segregara na deserção, reunindo-os de novo em seus braços de luz.

Esse alguém era humilde.

Esse alguém é Jesus.

IDE | Conhecimento e educação espírita

No ano de 1963, Francisco Cândido Xavier ofereceu a um grupo de voluntários o entusiasmo e a tarefa de fundarem um periódico para divulgação do Espiritismo. Nascia, então, o Instituto de Difusão Espírita - IDE, cujos nome e sigla foram também sugeridos por ele.

Assim, com a ajuda de muitas pessoas e da espiritualidade, o Instituto de Difusão Espírita se tornou uma entidade de utilidade pública, assistencial e sem fins lucrativos, fiel à sua finalidade de divulgar a Doutrina Espírita, por meio de livros, estudos e auxílio (material e espiritual).

Tendo como foco principal as obras básicas de Allan Kardec, a preços populares, a IDE Editora possui cerca de 300 títulos, muitos psicografados por Chico Xavier, divulgando-os em todo o Brasil e em várias partes do mundo.

Além da editora, o Instituto de Difusão Espírita também se desenvolveu em outras frentes de trabalho, tanto voltadas à assistência e promoção social, como o acolhimento de pessoas em situação de rua (albergue), alimentação às famílias em momento de vulnerabilidade social, quanto aos trabalhos de evangelização infantil, mocidade espírita, artes, cursos doutrinários e assistência espiritual.

Ao adquirir um livro da IDE Editora, além de conhecer a Doutrina Espírita e aplicá-la em seu desenvolvimento espiritual, o leitor também estará colaborando com a divulgação do Evangelho do Cristo e com os trabalhos assistenciais do Instituto de Difusão Espírita.

www.idelivraria.com.br

idelivraria.com.br

Pratique o "Evangelho no Lar"

Aponte a câmera do celular e faça download do roteiro do **Evangelho no lar**

Ide editora é nome fantasia do Instituto de Difusão Espírita, entidade sem fins lucrativos.

○ ideeditora   f ide.editora   ▽ ideeditora

◀◀ DISTRIBUIÇÃO EXCLUSIVA ▶▶

📍
Av. Porto Ferreira, 1031 | Parque Iracema
CEP 15809-020 | Catanduva-SP
📞 17 3531.4444   ○ 17 99777.7413

○ boanovaed
▶ boanovaeditora
f boanovaed
🌐 www.boanova.net
✉ boanova@boanova.net

Fale pelo whatsapp

Acesse nossa loja